Meine Oma – mein Abenteuer!

Dieses Buch wird unseren Großeltern und den Großeltern unserer Kinder gewidmet.

Gott gebe Ihnen Gesundheit und langes Leben!

Meine Oma –
mein Abenteuer!

Olinda Maier *Eugen Maier*

Impressum

© 2019 Olinda Maier, Eugen Maier
Herstellung und Verlag: BoD – Books on
Demand, Norderstedt
ISBN 978-3-7494-4944-6

FSC
www.fsc.org

MIX
Papier aus verantwortungsvollen Quellen
Paper from responsible sources
FSC® C105338

Inhaltsverzeichnis

Meine Großmutter Sonja

Hallo! Ich heiße Jaroslawna. Meine Freunde nennen mich Jara, meine Eltern und die Großmutter nennen mich Jarotschka. Eigentlich, seitdem Oma mit uns wohnt, nennt sie mich „Mein Sonnenschein" oder „Mein Mädchen". Sie vergisst alles, meinen Namen auch. Und schuld daran ist ihre Krankheit, der Arzt sagt „Alzheimer" dazu. Von den anderen Erwachsenen habe ich das Wort „Demenz" gehört. Aber ich erzähle dir erst, wie die Oma zu uns kam.

Früher lebte meine Großmutter im Dorf in einem kleinen Häuschen. Ich liebte es, sie zu besuchen. In den Ferien durfte ich sogar für einige Tage bei ihr bleiben. Das war toll! Gerne kletterte ich auf ihren Apfelbaum und aß dort die aromatischen Äpfelchen. Auf dem Kirschbaum versuchte ich, die Nachbarskinder mit den Kernen zutreffen und sie mich. Und ihre Pfannkuchen waren ja ein echter Genuss! Jetzt aber backt sie keine Pfannkuchen mehr und kann nicht mehr im Dorf alleine leben...

Meine Eltern merkten, dass Oma immer mehr Sachen vergaß. Zum Beispiel vergaß sie von unserem Besuch, obwohl wir einen Tag davor mit ihr telefonierten und ihr Bescheid sagten. Sie vergaß das, was wir ihr erzählten, unsere Geburtstage, in welcher Klasse ich bin, wie die Stadt heißt, wo wir wohnen... Ständig vergaß sie, was sie machen wollte.

Wenn sie ging um den Tee für uns zu kochen, kam sie in die Küche und wusste nicht mehr, was sie eigentlich wollte. Also nahm sie die Zeitung vom Tisch und kam zu uns in das Wohnzimmer zurück. Umsonst warteten wir auf den Tee, meine Großmutter vergaß ihn schon.

Später vergaß meine Oma das Licht auszuschalten oder den Topf auf dem Herd. Und einmal stellte sie eine Plastikschüssel auf den Herd und wollte darin eine Suppe kochen. Stell dir vor, wie es stank in der Küche! Und sie merkte es nicht einmal! Sie öffnete die Fenster und ging raus an die frische Luft. Gut, dass die Nachbarin zu Hause war. Sie sah den Rauch, kam und nahm die Schüssel vom Herd runter. Diese Nachbarin rief dann bei uns an und erzählte alles. Die Mama fuhr gleich hin und brachte die Großmutter zu uns. „Sie darf nicht mehr alleine bleiben" sagte Mama, „sie wird jetzt mit uns leben".

Weil meine Oma nicht mehr allein bleiben darf, dachte ich, soll sie mit mir in meinem Zimmer wohnen. Mama zweifelte erst, keine Ahnung warum, aber dann entschied sie sich es auszuprobieren. Seitdem wohnt meine Großmutter mit uns. In meinem Zimmer! Ich erinnere sie daran ihre Medizin zu nehmen und sich vor dem Schlafengehen zu waschen.

Morgens erinnere ich sie daran sich umzuziehen, sonst läuft sie den ganzen Tag in den

Schlafsachen. Und das, wie du weißt, ist überhaupt unzulässig!

Manchmal denke ich, meine Oma ist anders geworden, aber ich liebe sie trotzdem, weil auch sie mich liebt. Das weiß ich ganz genau. Ich will mich auch um sie kümmern, wie sich um mich gekümmert hat.

Oh, denk bloß nicht es wäre langweilig. Es ist manchmal ganz schön lustig mit ihr. Zum Beispiel verliert sie ständig ihre Zähne. Eigentlich müssen sie in einem Becher mit Wasser im Bad sein. Nachts. Tags aber müssen sie in ihrem Mund sein. Wundere dich nicht, bei den alten Menschen sind alle Zähne schon ausgefallen, oder fast alle. Deswegen brauchen sie ein neues Gebiss zum Kauen. Besonders lustig sieht meine Oma ohne Gebiss aus. Sie spricht dann auch lustig: „ mein ssüssess liepess Mätchen!" Aber das Gebiss braucht sie wirklich, sonst kann sie nicht essen.

Einmal suchten wir wieder lange nach ihren Zähnen. Überall schauten wir nach, im Bad und in meinem Zimmer und unter unseren Betten – ja, ja auch dort sind sie manchmal! Nirgendswo! Wir guckten schon in der Küche und im Wohnzimmer... Hier dachte ich an die Fische, die mussten gefüttert werden. Ich kam zum Aquarium mit dem Fischfutter und was sah ich darin? Omas Gebiss! Lange lachten wir. Immer noch schaue ich gelegentlich im Aquarium nach, ob Omas Gebiss dort mit den Fischen um die Wette schwimmt.

Gut, dass meine Großmutter uns hat. Wer sollte sonst nach ihrem Gebiss suchen und ihr die Suppe kochen?

Hundert Falten im Gesicht

Weißt du, dass die alten Menschen genauso viel schlafen müssen, wie die Kinder? So sagt meine Mama. Aber ich denke, sie müssen noch mehr schlafen. Meine Oma geht immer vor mir ins Bett und steht nach mir auf. Nachts steht sie auch auf, um auf die Toilette zu gehen. Manchmal vergisst sie zurück ins Bett zu gehen. Aber Mama hört alles und hilft ihr. Danach schläft sie sehr lange. Ich betrachte dann ihr Gesicht, solange sie schläft. Sie hat so viele Falten im Gesicht, am Hals, an den Händen und überall.

Heute will ich ihre Falten zählen. Ganz leise auf Zehenspitzen, um sie nicht zu wecken, komme ich näher. Ihr Bett ist ziemlich hoch, deswegen sehe ich ihr Gesicht nicht so gut, wenn ich davorstehe. Ich brauche einen Stuhl. So leise wie ich kann, schiebe ich den Stuhl an Omas Bett. Darauf geklettert schaue ich in das schlafende Gesicht. Es sieht so aus, als ob die Großmutter lächelt. Jetzt muss ich mich beeilen, in jedem Moment kann sie wach werden. Ein, zwei, drei, vier, fünf, sechs, sieben, acht, neun, zehn, elf, zwölf, dreizehn, vierzehn. Vierzehn Falten sind auf der Stirn, muss ich mir merken. So, jetzt auf der Nase: eins, zwei, drei… Acht! Auf der linken Backe zähle ich fünf Falten und um das linke Auge – neun.

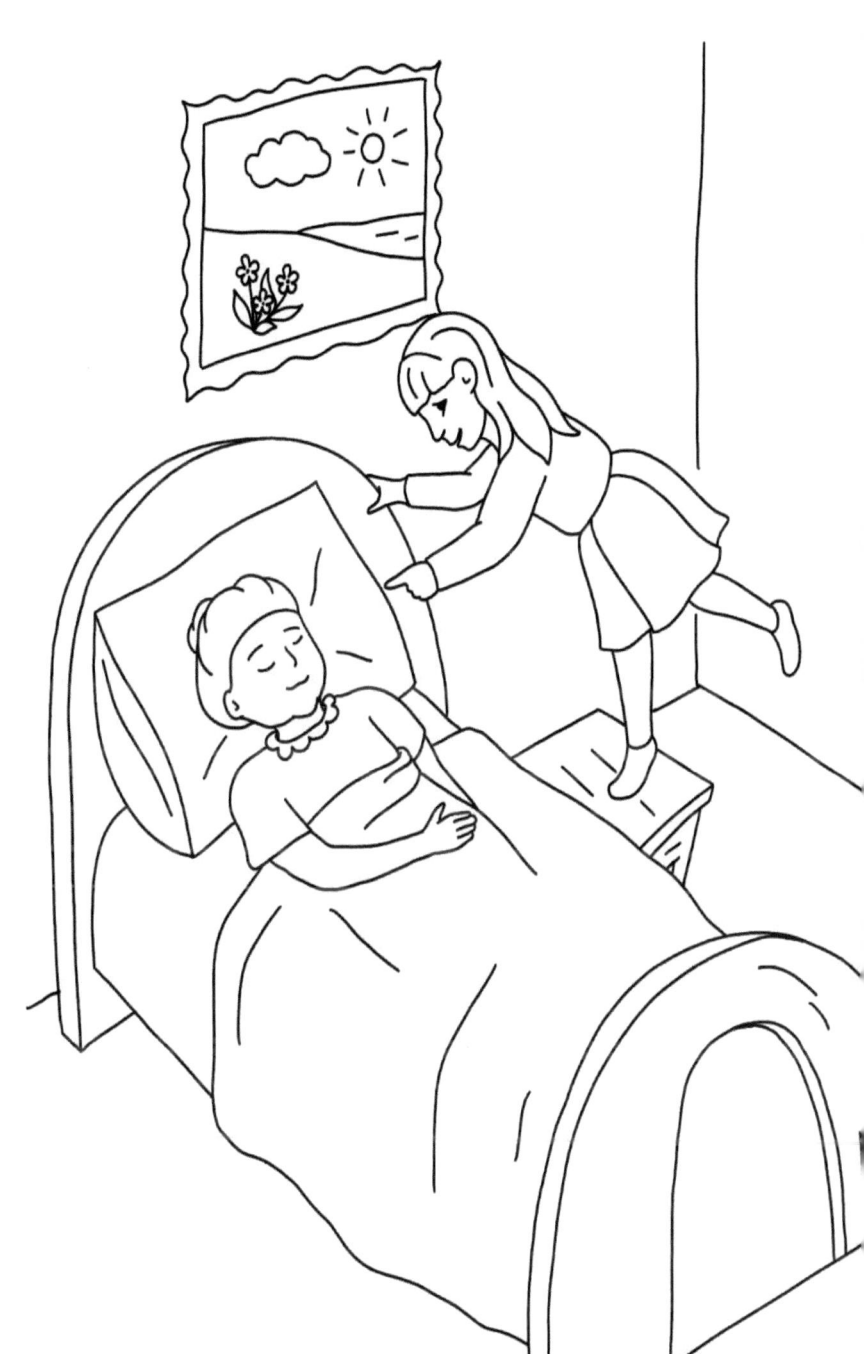

Auf der rechten Seite kann ich leider keine Falten zählen. Ich sehe die rechte Seite nicht. Aber soll es auf der rechten Seite nicht genauso viele Falten geben? Also fünf Falten auf der Backe und neun um das Auge sind vierzehn zusammen. Das ist an der linken Seite. An der rechten auch vierzehn, also zusammen sind es... Oh, ich komme ja durcheinander! Kopfrechnen ist nicht meine Stärke. Lieber beuge ich mich etwas mehr über die Oma und zähle einfach weiter, denke ich. So, vierzehn, fünfzehn, sechzehn... In diesem Moment beuge ich mich zu tief und mein Pyjama berührt Omas Gesicht, sie bewegt sich und dreht sich auf die andere Seite. Dabei stößt sie sich gegen meinen Arm, worauf ich mich stütze, mein Arm rutscht aus und ich falle auf die arme Oma drauf! Wie erschreckt sie sich! Sie schreit kurz auf und macht die Augen auf. Genau in mein Gesicht schaut sie und lächelt sofort. Kaum verständlich murmelt sie:" mein ssüsses mätchen, uillst tu ssu mir unter ti tecke?" Und wie will ich zu ihr unter die Decke! An diesem Morgen liegen wir noch lange in Omas Bett und erzählen einander

Geschichten. Ich schaue ganz genau in ihr faltenreiches Gesicht und denke, wahrscheinlich hat jede Falte eine Geschichte. Wahrscheinlich haben sich hundert Falten auf ihrem Gesicht versammelt. Das sind ganze hundert Geschichten auf einem Gesicht!

Firusa und Funtschosa

Als meine Eltern sich entschieden die Oma zu uns zu nehmen, wollte meine Mama zu Hause bleiben, um auf die Oma aufzupassen. Aber bald ging sie doch wieder zur Arbeit. Für die Abwechselung, sagte sie. Seitdem kommt zu uns eine Seniorenpflegerin, immer dann, wenn die Mama arbeitet. Drei Vormittage in der Woche sind es. Die Pflegerin heißt Firusa, sie kommt aus Kirgisien, spricht aber Usbekisch und natürlich Deutsch. Ein Glück, dass sie Deutsch spricht, sonst wäre unser Alltag noch lustiger als er ist. Firusa ist nicht nur zum Aufpassen da, sondern auch für verschiedene Unternehmungen mit Oma. Zum Beispiel gehen sie spazieren. Alleine kann meine Großmutter das unmöglich tun. Sie braucht eine Begleitung. Und raus muss sie. Dann ist sie ausgeglichener, sagt Papa. Ich denke er hat Recht. Deswegen gehe ich auch mit der Großmutter oft raus. Aber nur vor dem Haus, damit ich schnell Hilfe holen kann, wenn sie sich schlecht fühlt. Das ist schon mal vorgekommen. Aber heute will ich von der Firusa erzählen.

Firusa kocht gerne mit Oma zusammen. Dann darf Oma etwas schnippeln. Mit dem scharfen Küchenmesser kann sie nicht mehr schneiden, wegen der schwachen Koordination. So sagt man zum Beispiel, wenn einem die Hände zittern und man die Bewegungen nicht so genau kontrollieren kann.

Bei meiner Oma ist es so. Damit sie sich nicht in die Finger schneidet, gibt man ihr das Essmesser. Sie schneidet gerne alles, was nicht zu fest ist, weil sie nicht so viel Kraft hat. Gurken, Pilze, Zucchini, Avocado und sogar Kartoffeln, wenn sie geschält und nicht zu groß sind, schneidet meine Oma. Sie ist immer sehr glücklich, wenn sie helfen darf.

Heute kommt Firusa zu uns. Sie will mit Oma einen koreanischen Salat machen, namens Funtschosa. Ich fand den Namen vom Salat so geheimnisvoll! Sprich doch langsam noch einmal: FUUNTSCHOOSAA. Findest du nicht? Wieder und wieder spreche ich dieses Wort leise vor mich hin und stelle mir ein fernes Land vor, wo die Menschen sich ganz anders anziehen, reden unverständige Sprache und essen Funtschosa. Das Land muss anders als Afrika sein und anders als China. Aber wie ist es in Wirklichkeit? Erstmal will ich den Salat probieren, dann vielleicht werde ich es mir besser vorstellen können.

Firusa kommt früh, bevor Mama und Papa zur Arbeit gehen und ich zur Schule. Meine Eltern erzählen ihr kurz, wie es der Großmutter geht, wie sie geschlafen hat vom Blutdruck und so etwas. Dann erzählt Firusa, was sie heute vorhat, mit Oma zu unternehmen. Schon ist die Zeit für uns zu gehen. Firusa hilft der Großmutter aufzustehen und sich frisch zu machen.

Eigentlich kann sie es allein, aber du weißt ja schon, sie vergisst viel und oft. Zum Beispiel vergisst sie, wohin sie den Pulli anziehen soll und wohin die Hose. Lustiger sieht es mit der Unterwäsche aus. Sie zog sich schon mal eine Unterhose auf den Kopf an. Die passte sogar perfekt! Aber irgendwie ungewöhnlich war das für unser Auge. Nach einer Weile bot meine Mama ihr dann eine leichte Mütze an, die meine experimentierfreudige Oma gerne annahm.

Nach dem Frischmachen und Anziehen frühstücken die Beiden. Zum Mittagessen wird es heute Salzkartoffeln mit Schmandsauce und Funtschosa geben. Also fangen sie mit dem Kochen an. Oma bekommt ein Buch mit großen Buchstaben und ihre Brille. Sie darf vorlesen, während Firusa Kartoffeln schält. Am liebsten liest meine Oma aus der Familienbibel. Die Geschichten darin vergisst sie auch schon und verwechselt sie. Macht nichts, ich frage sie trotzdem immer danach, was sie las. Dann erzählt sie.

Letztes Mal kam König David, um den neugeborenen Jesus anzubeten und brachte ihm seine Schafe als Geschenk. Worüber er sich sehr freute. Ich fragte sie, was würde sie dem Jesuskind schenken und sie sagte: „Mein Leben, denn alles andere hat er schon".

Nach dem Lesen bekommt meine Oma die weich gekochten Glasnudeln für den Salat, die soll sie mit der Küchenschere mehrere Male durchschneiden. Das geht einfach. Dann schält Firusa Möhren und reibt sie klein. Die Paprika und die Gurke darf die Großmutter schneiden. Die Zwiebeln und die Kräuter schneidet Firusa. Das Öl wird erhitzt und dem Salat zugegeben. Jetzt mischt die Großmutter alles durch. Das macht sie immer sehr gründlich. Firusa holt verschiedene Gläschen aus dem Gewürzschränkchen. Sie würzt. Frag mich nicht, was sie alles reinmacht, auf jeden Fall sollte es sehr lecker sein, wenn nicht die Oma...

Unter anderen Gewürzen stand auch Pfeffer auf dem Tisch. Firusa drehte sich nur kurz zum Schrank, da griff Oma schon die Pfefferdose und schüttete aus Leibeskräften in die Salatschüssel. „Oh, reicht!" – ruft Firusa und nimmt ihr die Dose mit dem scharfen Gewürz aus der Hand. Da ergreift die Oma die Chilidose und schafft es, davon auch was rein zu schütten. Firusa gibt der Oma schnell den Salatlöffel und bittet sie weiter zu mischen. Man darf ihr nicht sagen, dass sie etwas falsch macht. Sie versteht es nicht, verwirrt sich und macht noch mehr Unsinn. Stattdessen lenkt man sie ab. Das funktioniert immer (oder fast immer).

Der Salat ist „fertig", die Salzkartoffeln auch, also raus, an die frische Luft!

Nach dem Spaziergang komme ich von der Schule und die Mama von der Arbeit. Wir haben Hunger und wollen gleich zusammen zu Mittag essen. Arme Firusa berichtet uns von dem misslungenen Salat, den wir aber trotzdem probieren möchten. Heiß wird es in meinem Mund, nichts anderes kann ich schmecken. Nur ein schreckliches Brennen. Schnell die Milch trinken, sagt meine Mama. Das hilft ein bisschen. Auch die Anderen können den Salat nicht essen, selbst mein Vater! Schade, jetzt kann ich mir das Land überhaupt nicht mehr vorstellen... Vielleicht ein anderes Mal?

Oma, ich und die Plätzchen

Früher buk Oma immer Plätzchen zu Weihnachten, so viele, dass wir sie noch im neuen Jahr aßen! Ich liebte ihre Plätzchen und Kekse, nicht weil sie besonders lecker waren, sondern weil sie, meine Oma, die für uns buk! Ich sagte dann immer: „Darf ich die Plätzchen von der Oma?" Andere, gekaufte Kekse wollte keiner essen, so lange Omas Gebäck da war...

Jetzt kann sie nicht mehr backen. Aber vielleicht mit mir? Meine Mama ist von der Idee nicht begeistert. Sie will nicht, dass sich jemand am heißen Backofen oder dem Blech verbrennt. Außerdem mag sie nicht, wenn die Küche unordentlich aussieht. Ich verspreche auf Oma aufzupassen, die Bleche selbst in den Ofen zu schieben und ganz gründlich aufzuräumen, wenn wir fertig sind. Da wusste ich noch nicht, was für eine Arbeit das wird!

Meine Eltern müssen arbeiten und ich habe schulfrei. Das ist doch eine Gelegenheit! Endlich gab Mama ihr „okay" und ich kaufte alles Nötige für das große Backen am Vortag ein.

Wir wollen „nur" die Butterkekse backen. Das habe ich schon ein paar Mal mit der Mama und ein Mal mit der Oma gemacht. Also bin ich beinah ein Profi darin! Hände waschen, Schürzen an, ran!

Als erstes teile ich die Butter in zwei Teile, eins für Oma, eins für mich. Die kneten wir auf dem Tisch so lange, bis sie weich, geschmeidig und ganz klebrig wird. Dann schütte ich Zucker dazu. Jetzt kneten wir die Butter mit dem Zucker. Das macht Spaß! Oma erzählt mir dabei, dass ihre Mutter bald von der Arbeit kommt und sich über die Kekse freuen wird. Die Menschen mit der Krankheit meiner Oma vergessen, was vor kurzem passierte. Aber sie können sich an viele Einzelheiten erinnern, die vor vielen Jahren geschahen. Meine Oma lebt in der Vergangenheit. Sie denkt, sie wäre jugendlich und lebe mit ihren Eltern, die eigentlich schon längst verstorben sind. Ich spiele einfach mit. Heute spiele ich ihre Freundin.

Nachdem sich die Butter und der Zucker gut vermischt haben, streue ich Mehl über unseren

Teig. Ups, Vanillezucker hab ich vergessen! Nicht schlimm, lege ich nach. Hauptsache, alles noch mal gut durchkneten. Oma knetet gern und lächelt dabei. Es war doch eine tolle Idee, denke ich. Doch dann muss meine Oma plötzlich niesen. Ohne lange zu überlegen hält sie sich den Plätzchenteig vor die Nase und niest darein! Etwas Mehl bleibt an ihrem Gesicht. Das sieht zu lustig aus und ich muss lachen. Die Oma lacht auch. Dabei atmet sie das Mehl ein und muss wieder niesen. Schon wieder macht sie das in den Teig.

Es wird ja immer lustiger! Aber so geht es nicht weiter. Ich hole schnell ein Taschentuch und gebe es meiner Oma. Sie putzt sich erst ordentlich die Nase, dann knetet sie weiter. Ich überlege, was machen wir mit dem Teig? Soll ich den verschnupften Teig wegwerfen? Das wird sie doch nicht verstehen! Ihr zu erklären, warum und weshalb, hat eh keinen Sinn. Aus dem Teig Plätzchen backen? Irgendwie habe ich keinen Appetit auf DIE Plätzchen. Obwohl, nach der Erhitzung sterben die Bakterien ab. Aber selbst mit den toten Bakterien werde ich diese Plätzchen nicht essen, das steht fest! Was soll ich tun? In der Zwischenzeit ist der Teig fertig. Jetzt kommt er in die Folie und in den Kühlschrank. Meine Oma schaut ständig nach dem Teig, ob er schon fest genug ist. Umsonst hoffte ich, sie wird ihn vergessen, wie so vieles. Nein! Ihn, den verschnupften Teig vergisst sie nicht!

Also bereite ich den Platz zum Ausrollen und hole die Bleche und die Ausstechförmchen. Oma sitzt am Kühlschrank und guckt jede fünf Minuten rein. Ich bin beruhigt, sie ist beschäftigt und wird nichts anstellen. Doch als sie sieht, dass ich den Ofen einschalte, will sie helfen. Sie dreht und dreht den Temperaturregler hin und her. Bald fällt er ab, fürchte ich. Doch dann habe ich eine Idee. Ich laufe zum Kühlschrank und rufe, dass der Teig fertig ist. Sofort ist sie da. Endlich kann sie den Teig wiederhaben! Und ich kann die Temperatur im Ofen einstellen. Alle sind zufrieden.

Jetzt wird der Teig auf dem bemehlten Tisch ausgerollt. Ich entscheide mich erstmal Omas Teig zu verarbeiten, dann den von mir. Sie versucht mit der Teigrolle den Klumpen Teig etwas platter zu kriegen, aber sie hat keine Kraft. Das merkt sie auch. Deswegen freut sie sich über meinen Vorschlag, dass ich ausrolle und sie aussticht. Ja es geht wirklich nicht so einfach. Ich drücke aus aller Kraft und bewege die Teigrolle hin und zurück. Es klappt! Langsam wird der Teig dünner und noch dünner... So jetzt könnte man mit dem Ausstechen beginnen. Aber wo ist die Oma?

Oh, nein! Ich habe sie vergessen! Schnell drehe ich mich um und schaue nach. Nirgendswo! Doch dann höre ich im Bad das Wasser rauschen. Huch, sie ist nur auf dem Klo. Ein Glück! „Hände waschen!" rufe ich und warte auf sie an der Tür. Sie kommt raus und zeigt mir stolz ihre frisch gewaschenen Hände. Hat sie mich gerade für ihre Mutter gehalten? Mag sein, man weiß nie, was bei ihr im Kopf vorgeht. Hauptsache, es ist gut gelaufen.

Also weiter geht es wie am Schnürchen. Wir stechen die Plätzchen aus, legen sie hübsch aufs Blech und lassen sie backen. Ich schiebe und hole die Plätzchen zum Ofen rein und raus, während meine Oma weiter aussticht, jetzt schon aus meinem Teig.

Wir erzählen uns Geschichten und lachen viel. In der Zeit, in der die letzten Plätzchen ausgebacken werden, putze ich die Küche. Oma probiert schon ihre ersten Leckereien. Leider kann ich sie nicht davon abhalten. Später trinken wir Tee und essen Plätzchen dazu, jeder aus eigener Dose. Und was ist dran? Ihre Augen leuchten und mir hat es auch riesen Spaß gemacht! Das ist doch das Wichtigste, denke ich mir. Oder?

Das Plätzchen–Rezept

250 g   Mehl (plus Mehl zum Arbeiten)

150 g   Butter

1 Prise   Salz

75 g   Puderzucker oder einfach Zucker

0,5 Packung Vanillezucker

Alles einfach zusammen kneten. Meine Oma hat immer mit der Butter angefangen, Ich mache es jetzt auch so. Wenn die Butter schön geschmeidig ist, dann kannst du alles andere dazu geben (wenn du Zimt magst, kannst du gerne ein bisschen davon dazu machen, wenn du Schokoplätzchen magst, mach ein Esslöffel Kakao rein) und zu einem glatten Teig verkneten. (Glatter Teig ist es dann, wenn keine Klümpchen mehr sind und kein trockenes Mehl dazwischen.) Dann mache ich eine Kugel daraus und wickele sie in die Frischhaltefolie. Ab in den Kühlschrank! Für ungefähr 30-60 Minuten. In der Zeit räume ich schon Mal in der Küche auf und wasche ab, damit es später zum Abwaschen weniger ist. Clever, was? Zwei Bleche brauche ich meistens, die belege ich mit Backpapier, ganz wichtig! Sonst kleben deine Plätzchen später so sehr an den Blechen, dass du sie kaum rausbekommst und sie zerkrümeln. Also den kalten Teig rolle ich aus, es geht schwer! Du kannst dir gerne Hilfe holen. Der ausgerollte Teig soll 2 -3 Millimeter dick sein. (Ich messe ihn tatsächlich mit einem Lineal ab!) Dann steche ich nach Herzenslust aus. Die Reste mache ich wieder zusammen, knete kurz, rolle aus und schneide ihn in Dreiecke. Das Alles platziere ich auf die Bleche und schiebe in den Ofen. Unser Ofen hat Umluft, deswegen kann ich beide Bleche gleichzeitig reinschieben, einen etwas mehr oben, den anderen etwas mehr unten, so dass Zwischenräume überall ungefähr gleich sind. Frag deine Eltern, ob es bei dir geht, ansonsten backst du sie nach einander. Mit Umluft heize ich den Backofen auf 160° C und backe die Plätzchen 12 Minuten. Sei bitte Vorsichtig, der Ofen ist wirklich sehr heiß! Hol dir lieber einen Erwachsenen zur Hilfe. Nun sind die herrlichen Plätzchen fertig! Genieß sie

zusammen mit jemanden, den du besonders gerne magst, dann schmecken die besser!
Guten Appetit und gutes Gelingen!

Deine Jaroslawna

Unsere Spaziergänge

Oh, die sind auch lustig! Immer fällt es Oma etwas Neues ein! Sie spielt gerne mit den Kindern auf dem Spielplatz, baut gerne im Sand und schaukelt. Sie schaukelt aber langsam, sonst wird es ihr schlecht, sagt sie. Die Kinder mögen meine Oma und freuen sich, wenn sie mit dem Ball kommt. Dann stellen sich alle im Kreis und spielen „heiße Kartoffel".

Der Ball ist die heiße Kartoffel, der ihn bekommt, muss ihn schnell wieder weiter werfen. Dabei sagen wir auch manchmal irgendwelche Wörter. Zum Beispiel unsere Lieblingsgerichte. Die Kinder sagen dann meistens: „Pizza", „Pommes" und „Spaghetti". Oma aber sagt: „Sauerkraut mit Kartoffelbrei" oder „Gemüse-Eintopf".

Eines Tages schaffe ich nicht den Ball zu fangen und muss ihn holen. Als ich zurück bin, ist die Oma nicht mehr da. „Ach du, liebe Zeit", denke ich. Zum Glück haben die Kinder gesehen, wohin sie geht. So schnell ich kann, laufe ich in die Richtung. Noch rechtzeitig sehe ich, wie meine Oma in einen Hauseingang reingeht. Ich renne hinter ihr her und die Treppe hoch. Sie klingelt schon an einer Tür im ersten Stock. Als die Tür aufgeht, stehe ich schon neben der Oma und entschuldige mich bei der Fremden für die Störung. Meine Ausreißerin aber will gar nicht gehen. Sie meint, sie muss aufs Klo. Da sage ich, dass wir hier in der Nähe wohnen und versuche sie zu überreden, mitzukommen. Als die Frau merkt, dass meine Oma zögert, erlaubt sie ihr ihre Toilette zu benutzen. Ich finde das natürlich sehr nett, aber trotzdem will ich lieber gehen. Die Oma dagegen freut sich und tritt ein. Nach dem sie fertig ist, bedankt sie sich artig und verabschiedet sich. Die Frau meint noch, dass ich eine entzückende Großmutter habe. Das finde ich allerdings auch! Und trotzdem entscheide ich mich dazu, besser auf sie aufzupassen.

Ein anderes Mal gehen wir mit Firusa und meiner Oma zu dritt spazieren. Nicht weit von unserem Haus befindet sich ein hübscher Park mit einem kleinen Teich.

Oft füttern wir dort die Fische und die Enten. Heute schlendern wir einfach so durch die Wege des Parks, weil wir kein trockenes Brot für die Tiere mitgenommen haben. Ich hüpfe mit dem Springseil voran. Plötzlich höre ich hinter mir aufgeregte Stimmen. Als ich mich umdrehe, sehe ich meine Oma im Blumenbeet sitzen und Blumen pflücken. Neben ihr steht Firusa und versucht sie daraus zu locken. Vergeblich erklärt unsere gütige Pflegerin, dass die Blumen nicht uns gehören und dass es schon Zeit ist, heim zu gehen. Die Großmutter dagegen pflückt vergnügt weiter, riecht an den Blumen, betrachtet sie begeistert und lässt sich auch von den Passanten nicht einschüchtern. Inzwischen komme ich an, aber auch mir fällt nichts ein, womit ich sie ablenken kann. Dann aber steht sie ruhig auf und zeigt uns stolz ihren Strauß. Der ist wirklich sehr schön! Sie war ja eine leidenschaftliche Gärtnerin. Auch jetzt riecht sie noch ein Mal zufrieden an ihrem Werk und steigt aus dem Beet. Firusa und ich sind etwas verwirrt. Was sollen wir tun? Vielleicht die Blumen bezahlen, kommt die Pflegerin auf die Idee. Aber bei wem? Ich will das Beet ein paar Mal gießen, als Entschädigung. Nur die Oma kümmert sich nicht darum, sie geht weiter, hält einen wunderschönen Blumenstrauß in der Hand und lächelt glücklich.

Diese und andere Sachen passieren mit meiner Oma täglich. Ich kann noch mehr Geschichten davon erzählen. Aber vielleicht in einem anderen Buch, sonst wird es zu dick. Und zu dicke Bücher lese ich nicht so gern. Du vielleicht auch?

Also, bis dann, im nächsten Buch!